CORINNA SCHOBER

VEGAN BACKEN

FOTOGRAFIE: JUNI, COCO LANG, MATHIAS NEUBAUER

INHALT

Öffnen Sie die Klappen dieses Buches.
Dort finden Sie die wichtigsten Infos zum Thema auf einen Blick!

DAS PRINZIP:
VEGAN BACKEN

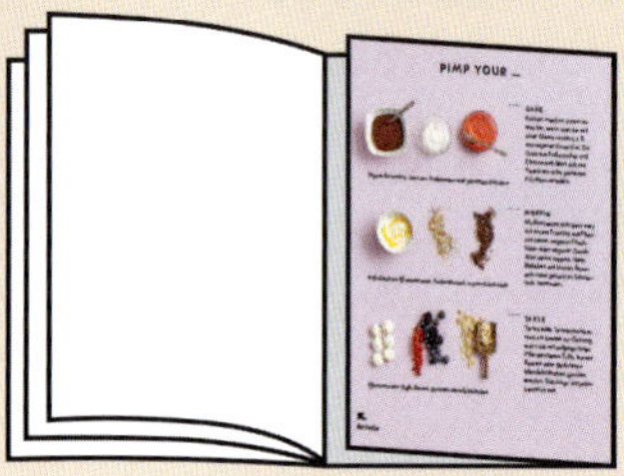

PIMP YOUR ...

Immer griffbereit:

SO GEHT'S:
VEGANER
MÜRBETEIG

Immer griffbereit:

SO GEHT'S:
VEGANER
RÜHRTEIG

GU
CLOU

Wussten Sie schon, dass ...?
Entdecken Sie bei einigen ausgewählten Rezepten ganz besondere Tipps mit verblüffendem Insiderwissen. Aha-Momente garantiert!

Die Backzeiten können je nach Herd variieren. Unsere Temperaturangaben beziehen sich auf das Backen im Elektroherd mit Ober- und Unterhitze.

Sammeln Ihrer Lieblingsrezepte mit der »GU Kochen Plus«-App (siehe S. 64)

REZEPTKAPITEL

CORINNA SCHOBER

Wenn ihre Küche von den süß duftenden Aromen eines frisch gebackenen Kuchens erfüllt wird, fühlt sie sich wie im siebten Himmel. Deshalb gibt es für Autorin Corinna Schober auch kaum etwas Schöneres, als neue vegane Backwerke zu kreieren.

Seit wann und warum backen Sie vegan?

Ich wurde von klein auf von meiner Mutter mit selbst gemachten Kuchen und Keksen verwöhnt und durfte ihr dabei immer zur Hand gehen. Dadurch habe ich früh meine Liebe zum Backen entdeckt. Später habe ich mich stark mit dem Thema Tierschutz und der Bedeutung des Verzehrs von tierischen Produkten beschäftigt. Mir war sofort klar, dass für mich nur noch eine vegetarische bzw. vegane Lebensweise infrage kommt. Anfangs wusste ich kaum, wie man vegan backen kann. Aber als große Naschkatze war meine Neugier geweckt und so habe ich mich diesem Thema seitdem zu 100 % gewidmet. Daraus ist auch mein Foodblog entstanden, auf dem ich meine Kenntnisse und Erfahrungen teile.

Fehlt Ihnen etwas bei veganem Gebäck?

Die Auswahl an veganen Alternativen ist heutzutage so groß, dass wirklich alle Wünsche erfüllt werden. Vegan zu backen ist mittlerweile sehr unproblematisch und sämtliche bekannte Torten und Kuchen können »veganisiert« werden. Mir persönlich fehlt dabei nichts und auch meine Familie und Freunde sind immer wieder begeistert von den leckeren veganen Backkreationen.

Worauf muss man beim veganen Backen besonders achten?

Grundsätzlich sollte man nicht versuchen, ein herkömmliches Rezept 1:1 vegan nachzubacken, in der Hoffnung, dass exakt der gleiche Geschmack und die gleiche Konsistenz erzielt werden. Das funktioniert so leider nicht. Man braucht schon einen guten Überblick über die verschiedenen veganen Ersatzprodukte. Bei der Herstellung eines veganen Kuchenteiges ist es außerdem besonders wichtig, die Zutaten nicht zu stark und zu lange miteinander zu verrühren, da ansonsten die luftige Konsistenz des Teiges verloren geht.

DAS EINFACHSTE REZEPT – HEIDELBEERKUCHEN

1 Pck. Bourbon-Vanillezucker,

120 g Zucker und 250 g Mehl

mit 2 TL Backpulver und
1 Prise Salz mischen.

200 g Kokosmilch, den Saft von ½ Zitrone, 60 ml Rapsöl und 120 g vegane Joghurt-Alternative Heidelbeere mischen und zu den trockenen Zutaten geben.

Alles mit den Rührbesen des Handrührgeräts cremig rühren. 100 g Heidelbeeren vorsichtig unterheben.

Eine Springform (20 cm ∅) fetten. Den Teig hineinfüllen, glatt streichen und im auf 185° vorgeheizten Ofen (Mitte) 35–40 Min. backen (Stäbchenprobe machen).

Den Kuchen aus dem Ofen nehmen, kurz abkühlen lassen, dann aus der Form lösen und vollständig auskühlen lassen.

KLEINE LECKEREIEN

Für 6 Tartelettes (à 10 cm ∅) • 25 Min. Zubereitung • 10 Min. Backen • 4 Std. Kühlen • Pro Stück ca. 620 kcal, 9 g E, 48 g F, 36 g KH

SCHOKOLADEN-GRANOLA-TARTELETTES

FÜR GÄSTE

FÜR DIE BÖDEN

100 g Nusskerne (z. B. Walnusskerne, Haselnusskerne oder Cashewkerne)
50 g Haferflocken
40 g Kokosmehl
8 Datteln (entsteint)
4 EL Agavensirup
3 EL Kokosöl

FÜR DIE FÜLLUNG

400 g Kokosmilch
200 g vegane Zartbitter-Schokolade
3 EL Ahornsirup
6 g Agar-Agar

AUSSERDEM

Öl für die Förmchen (ersatzweise vegane Pflanzenmargarine)

DEKO-TIPP

Besonders hübsch sehen die Granola-Tartelettes aus, wenn man sie mit bunten Beeren und Kokoschips garniert.

BÖDEN: Den Backofen auf 180° vorheizen. Die Tartelette-Förmchen fetten. Die Nüsse und Haferflocken im Mixer zerkleinern. Alle weiteren Teigzutaten zufügen und untermixen, bis eine leicht klebrige Konsistenz entsteht. Den Teig mit den Fingern gleichmäßig in die Förmchen drücken.

BACKEN: Die Förmchen in den heißen Ofen (Mitte) geben und die Böden ca. 10 Min. backen. Anschließend auskühlen lassen und aus den Förmchen lösen.

FÜLLUNG: Die Kokosmilch leicht erhitzen. Die Schokolade in kleine Stücke brechen und unter Rühren in der Kokosmilch schmelzen. Ahornsirup zugeben und die Mischung kurz aufkochen lassen. Agar-Agar einrühren und alles unter ständigem Rühren ein paar Min. köcheln lassen.

FERTIGSTELLEN: Die Füllung kurz abkühlen lassen. Die Tartelette-Böden zurück in die Förmchen legen und gleichmäßig mit der Schokoladenmischung füllen. Dann die Tartelettes mindestens 4 Std. (am besten über Nacht) kalt stellen. Zum Servieren wieder aus den Förmchen lösen.

Für 10 Tartelettes (à 10 cm ∅) • 30 Min. Zubereitung • 1 Std. 30 Min. Kühlen • 15 Min. Backen • Pro Stück ca. 400 kcal, 7 g E, 27 g F, 31 g KH

VANILLEKIPFERL-TARTELETTES MIT ERDNUSSCREME

FÜR WEIHNACHTEN

FÜR DEN TEIG

180 g Dinkelmehl
60 g gemahlene Mandeln
60 g Zucker (z. B. Vollrohr- oder Kokosblütenzucker)
90 g vegane Pflanzenmargarine
2 EL Pflanzendrink Vanille

FÜR DIE FÜLLUNG

400 g aufschlagbare Pflanzencreme
3 EL Erdnussmus
100 g vegane Pudding-Alternative Vanille
1 EL Agavensirup

AUSSERDEM

Öl für die Förmchen (ersatzweise vegane Pflanzenmargarine)
Mehl zum Arbeiten
50 g Erdnusskerne

GUT ZU WISSEN
Aus dem Rezept für den Teig lassen sich übrigens auch gut Vanillekipferl backen.

TEIG: Mehl, Mandeln, Zucker, Margarine und Vanilledrink verkneten, bis ein kompakter, glänzender Teig entsteht. Den Teig zu einer Kugel formen, in Frischhaltefolie wickeln und ca. 30 Min. in den Kühlschrank stellen.

FÜLLUNG: Inzwischen die Pflanzencreme mit den Rührbesen des Handrührgeräts aufschlagen. Erdnussmus, Vanillepudding und Agavensirup vorsichtig unterheben. Die Füllung bis zur weiteren Verwendung kühl stellen.

BACKEN: Den Backofen auf 185° vorheizen. Die Tartelette-Förmchen fetten. Den gekühlten Teig zu einer Rolle formen und in zehn gleich große Stücke teilen. Diese auf der leicht bemehlten Arbeitsfläche zu Kreisen (à ca. 14 cm ∅) ausrollen und in die Förmchen drücken. Die Böden im heißen Ofen (Mitte) 12–15 Min. backen, bis die Ränder leicht gebräunt sind. Anschließend aus den Förmchen lösen und auskühlen lassen.

FERTIGSTELLEN: Die Erdnusskerne fein hacken. Die Hälfte der Erdnusscreme in den ausgekühlten Böden glatt streichen. Die restliche Creme in einen Spritzbeutel füllen und in kleinen Tupfen gleichmäßig obenauf spritzen. Die Vanillekipferl-Tartelettes mit gehackten Erdnusskernen garnieren und vor dem Servieren mindestens 1 Std. kalt stellen.

Für 12 Cupcakes • 20 Min. Zubereitung • 25 Min. Backen • 1 Std. Kühlen •
Pro Stück ca. 275 kcal, 3 g E, 15 g F, 35 g KH

SCHOKOLADENCUPCAKES MIT ERDBEER-CREME-FROSTING

FÜR GÄSTE

FÜR DEN TEIG

200 g Dinkelmehl
1 EL Kakaopulver
1 TL Backpulver
120 g Birkenzucker
70 ml Rapsöl
200 ml Mandeldrink
50 g vegane Schokolade

FÜR DAS FROSTING

300 g aufschlagbare Pflanzencreme
60 g vegane weiße Schokolade
2 EL Erdbeermarmelade

AUSSERDEM

12er-Muffinform
12 Muffin-Papierförmchen
6 Erdbeeren

TEIG: Den Backofen auf 185° vorheizen. Mehl, Kakao, Backpulver und Zucker in einer Schüssel mischen. Öl und Mandeldrink verrühren und zu den trockenen Zutaten geben. Alles mit den Rührbesen des Handrührgeräts zu einem cremigen Teig verrühren. Die Schokolade über dem Wasserbad bei niedriger Hitze schmelzen und unter den Teig rühren.

BACKEN: Die Muffinform mit den Papierförmchen auslegen und die Mulden jeweils zu ¾ mit Teig füllen. Die Muffins im heißen Ofen (Mitte) ca. 25 Min. backen (Stäbchenprobe machen). Anschließend die Muffins aus den Mulden der Form nehmen und vollständig auskühlen lassen.

FROSTING: Die Pflanzencreme mit den Rührbesen des Handrührgeräts aufschlagen. Die weiße Schokolade über dem Wasserbad bei niedriger Hitze schmelzen. Abkühlen lassen und mit der Erdbeermarmelade in die Creme rühren. Das Frosting ca. 1 Std. kalt stellen, bis es fest ist.

FERTIGSTELLEN: Die Erdbeeren waschen, putzen und halbieren. Das Frosting in einen Spritzbeutel geben, auf die Muffins spritzen und mit den Erdbeerhälften dekorieren.

Für 12 Muffins • 20 Min. Zubereitung • 25 Min. Backen • Pro Stück ca. 150 kcal, 3 g E, 5 g F, 22 g KH

HEIDELBEERMUFFINS

EINFACH

200 g Mehl
2 EL gemahlene Mandeln
100 g Rohrzucker
2 TL Backpulver
¼ TL gemahlene Bourbon-Vanille
1 Prise Salz
150 ml Pflanzendrink Vanille
100 g vegane Joghurt-Alternative Mandel
50 ml Rapsöl
100 g Heidelbeeren

AUSSERDEM

12er-Muffinform
12 Muffin-Papierförmchen

1 Den Backofen auf 185° vorheizen. Mehl, Mandeln, Rohrzucker, Backpulver, Vanille und Salz in einer Schüssel mischen. Vanilledrink, veganen Mandeljoghurt und Rapsöl verrühren und zu den trockenen Zutaten in die Schüssel geben. Alles mit den Rührbesen des Handrührgeräts zu einem cremigen Teig verrühren. Die Heidelbeeren verlesen, bei Bedarf abbrausen, trocken tupfen und unterheben.

2 Die Muffinform mit den Papierförmchen auslegen und diese jeweils zu ¾ mit Teig füllen. Die Muffins im heißen Ofen (Mitte) ca. 25 Min. backen (Stäbchenprobe machen). Anschließend aus den Mulden nehmen und vollständig auskühlen lassen.

Für 12 Muffins • 20 Min. Zubereitung • 25 Min. Backen • Pro Stück ca. 175 kcal, 3 g E, 8 g F, 23 g KH

HIMBEERMUFFINS

SOMMER-REZEPT

225 g Dinkelmehl
110 g Zucker (z. B. Vollrohr- oder Kokosblütenzucker)
1 ½ TL Bourbon-Vanillezucker
2 TL Backpulver
1 ½ EL Kokosraspel
75 ml Rapsöl
110 g Sojaghurt Vanille
40 g Sojaghurt
60 ml Pflanzendrink Vanille
150 g Himbeeren

AUSSERDEM

12er-Muffinform
12 Muffin-Papierförmchen
Puderzucker zum Bestäuben

1 Den Backofen auf 185° vorheizen. Mehl, Zucker, Vanillezucker, Backpulver und Kokosraspel in einer Schüssel mischen. Rapsöl, beide Sojaghurtsorten und Vanilledrink verrühren und zu den trockenen Zutaten in die Schüssel geben. Alles mit den Rührbesen des Handrührgeräts kurz zu einem cremigen Teig verrühren. Die Himbeeren verlesen und vorsichtig unter den Teig heben.

2 Die Mulden der Muffinform mit Papierförmchen auslegen und diese zu ¾ mit Teig füllen. Die Form in den heißen Ofen (Mitte) geben und die Muffins in ca. 25 Min. goldbraun backen (Stäbchenprobe machen). Anschließend aus der Form lösen und auskühlen lassen. Die Muffins mit etwas Puderzucker bestäuben und servieren.

Für 12 Muffins • 20 Min. Zubereitung • 25 Min. Backen • Pro Stück ca. 175 kcal, 3 g E, 9 g F, 21 g KH

MANGOMUFFINS

SCHNELL

185 g Dinkelmehl
40 g gemahlene Mandeln
90 g Rohrzucker
½ TL gemahlene Bourbon-Vanille
2 TL Backpulver
75 ml Rapsöl
110 g vegane Joghurt-Alternative Mango
100 ml Mandeldrink
110 g Mango

AUSSERDEM
12er-Muffinform
12 Muffin-Papierförmchen

1 Den Backofen auf 185° vorheizen. Mehl, gemahlene Mandeln, Zucker, Vanille und Backpulver in einer Schüssel mischen. Rapsöl, veganen Mangojoghurt und Mandeldrink verrühren und zu den trockenen Zutaten in die Schüssel geben. Alles mit den Rührbesen des Handrührgeräts zu einem cremigen Teig verrühren. Die Mango schälen, das Fruchtfleisch vom Stein schneiden und fein würfeln. Dann die Mangowürfel unter den Teig heben.

2 Die Mulden der Muffinform mit Papierförmchen auslegen und zu ¾ mit Teig füllen. Die Mangomuffins im heißen Ofen (Mitte) ca. 25 Min. backen (Stäbchenprobe machen). Anschließend aus der Form lösen und auskühlen lassen.

Für 12 Muffins • 35 Min. Zubereitung • 25 Min. Backen • Pro Stück ca. 150 kcal, 3 g E, 8 g F, 16 g KH

RHABARBER-NUSS-MUFFINS

FRÜHLINGS-REZEPT

2 Stangen Rhabarber
1 ½ EL Zimtzucker
150 g Dinkelmehl
50 g gemahlene Haselnusskerne
60 g Rohrzucker
1 TL gemahlene Bourbon-Vanille
2 TL Backpulver
60 ml Rapsöl
150 ml Mandeldrink
80 g Sojaghurt

AUSSERDEM
12er-Muffinform
12 Muffin-Papierförmchen

1 Den Backofen auf 185° vorheizen. Den Rhabarber putzen, schälen und in kleine Würfel schneiden. Die Rhabarberwürfel mit Zimtzucker vermischen und 30 Min. ziehen lassen.

2 Inzwischen Mehl, Nüsse, Zucker, Vanille und Backpulver in einer Schüssel mischen. Öl, Mandeldrink und Sojaghurt verrühren und zu den trockenen Zutaten geben. Alles mit den Rührbesen des Handrührgeräts kurz zu einem cremigen Teig verrühren. Dann die marinierten Rhabarberwürfel unterheben.

3 Die Mulden der Muffinform mit den Papierförmchen auslegen und diese zu ¾ mit Teig füllen. Die Rhabarber-Nuss-Muffins im heißen Ofen (Mitte) ca. 25 Min. backen (Stäbchenprobe machen). Anschließend aus der Form lösen und auskühlen lassen.

Für ca. 40 Stück • 30 Min. Zubereitung • 1 Std. Kühlen • 24 Min. Backen •
Pro Stück ca. 95 kcal, 1 g E, 5 g F, 12 g KH

LINZER AUGEN

KLASSIKER

1 Bio-Zitrone
200 g kalte vegane Pflanzen-margarine
300 g Dinkelmehl
50 g gemahlene Mandeln
150 g Puderzucker
½ TL gemahlene Bourbon-Vanille
1 Prise Salz

AUSSERDEM

Mehl zum Arbeiten
Linzer-Ausstecher
200 g Marmelade (Sorte nach Belieben)
Puderzucker zum Bestäuben

1 Die Zitrone heiß waschen, trocknen und 1 EL Schale fein abreiben. Die Margarine in kleine Würfel schneiden und mit dem Zitronenabrieb und den restlichen Zutaten in eine Schüssel geben. Alles mit den Händen zu einem glatten Teig verkneten. Den Teig zu einer Kugel formen, in Frischhaltefolie wickeln und 1 Std. kalt stellen.

2 Den Backofen auf 185° vorheizen. Zwei Bleche mit Backpapier auslegen. Den Teig auf der leicht bemehlten Arbeitsfläche ca. 3 mm dick ausrollen. Mit den Ausstechern die gleiche Menge Kekse mit und ohne Loch ausstechen und auf den Blechen verteilen. Die Bleche nacheinander in den heißen Ofen (Mitte) geben und die Kekse 10–12 Min. backen. Aus dem Ofen nehmen und auskühlen lassen.

3 Anschließend auf die Kekse ohne Loch je 1 Klecks Marmelade geben, dann die gelöcherten Kekse daraufsetzen. Die Linzer Augen mit Puderzucker bestäubt servieren.

SCHNELLE & EINFACHE KUCHEN

*Für 1 Gugelhupfform (17 cm ∅), 12 Stücke • 15 Min. Zubereitung • 40 Min. Backen •
Pro Stück ca. 225 kcal, 3 g E, 10 g F, 30 g KH*

MARMORGUGELHUPF

SCHNELL

FÜR DEN TEIG

40 g vegane Pflanzenmargarine
270 g Mehl
150 g Zucker (z. B. Vollrohr- oder Kokosblütenzucker)
2 TL Backpulver
¼ TL gemahlene Bourbon-Vanille
1 Prise Salz
4 EL Orangensaft
100 ml Pflanzendrink Vanille
100 ml Reisdrink
80 ml Rapsöl

FÜR DEN DUNKLEN TEIG

1 EL Kakaopulver
1 EL Reisdrink

AUSSERDEM

Öl für die Form (ersatzweise vegane Pflanzenmargarine)

TEIG: Den Backofen auf 185° vorheizen. Die Gugelhupfform fetten. Die Margarine in einem kleinen Topf bei niedriger Hitze schmelzen. Mehl, Zucker, Backpulver, Vanille und Salz in einer Schüssel mischen. Orangensaft, Vanilledrink, Reisdrink, Öl und die zerlassene Margarine verrühren und zu den trockenen Zutaten geben. Alles mit den Rührbesen des Handrührgeräts zu einem cremigen Teig verrühren.

DUNKLER TEIG: Etwa ⅓ des Teiges in eine zweite Schüssel geben. Kakao und Reisdrink zufügen und gut unterrühren.

MARMORIEREN: Die Hälfte des hellen Teiges in die gefettete Form füllen. Anschließend den Kakaoteig gleichmäßig einfüllen. Zum Schluss den restlichen hellen Teig darübergießen und ein Holzstäbchen oder dünnes Messer in kreisenden Bewegungen durch den Teig ziehen.

BACKEN: Den Marmorgugelhupf im heißen Ofen (Mitte) 35–40 Min. backen (Stäbchenprobe machen). Anschließend den Kuchen in der Form abkühlen lassen, dann aus der Form lösen und komplett auskühlen lassen.

*Für 1 Kastenform (25 cm Länge), 12 Stücke • 25 Min. Zubereitung • 45 Min. Backen •
Pro Stück ca. 275 kcal, 3 g E, 9 g F, 45 g KH*

KLASSISCHER ZITRONENKUCHEN

GRUNDREZEPT

FÜR DEN TEIG

1 Bio-Zitrone
280 g Mehl
180 g Zucker (z. B. Vollrohr- oder Kokosblütenzucker)
2 TL Backpulver
½ TL gemahlene Bourbon-Vanille
1 Prise Salz
100 ml Rapsöl
200 ml Haferdrink
2 EL Sojaghurt

FÜR DIE GLASUR

½ Zitrone
150 g Puderzucker

AUSSERDEM

Öl für die Form (ersatzweise vegane Pflanzenmargarine)

TEIG: Den Backofen auf 185° vorheizen. Die Kastenform fetten. Die Zitrone heiß waschen, trocknen und die Schale fein abreiben. Dann den Saft auspressen; es werden 50 ml benötigt. Mehl, Zucker, Backpulver, Vanille und Salz in einer Schüssel mischen. Zitronensaft, Öl und Haferdrink verrühren und zu den trockenen Zutaten in die Schüssel geben. Alles kurz mit den Rührbesen des Handrührgeräts verrühren. Sojaghurt und Zitronenabrieb zufügen und kurz untermischen.

BACKEN: Den Teig gleichmäßig in der Kastenform verteilen und glatt streichen. Die Form in den heißen Ofen (Mitte) geben und den Kuchen 40–45 Min. backen (Stäbchenprobe machen). Anschließend kurz abkühlen lassen, dann den Kuchen aus der Form lösen und vollständig auskühlen lassen.

GLASUR: Aus der Zitronenhälfte 1–2 EL Saft auspressen. Den Puderzucker in ein Schälchen geben und mit dem Zitronensaft zu einer dickcremigen Glasur verrühren. Den ausgekühlten Kuchen damit gleichmäßig bepinseln.

Für 1 Tarteform (27 cm ∅), 12 Stücke • 35 Min. Zubereitung • 45 Min. Backen • Pro Stück ca. 240 kcal, 5 g E, 12 g F, 29 g KH

BEEREN-RHABARBER-KUCHEN

FRÜHLINGS-REZEPT

4 Stangen Rhabarber
1 ½ EL Zimtzucker
200 g Dinkelmehl
100 g gemahlene Mandeln
3 EL Kakaopulver
2 TL Backpulver
150 g Zucker (z. B. Vollrohr- oder Kokosblütenzucker)
50 ml Erdnussöl
250 ml Mineralwasser (medium)
80 g Sojaghurt
50 g vegane Zartbitter-Schokolade
100 g Beeren (Sorte nach Belieben)

AUSSERDEM

Öl für die Form (ersatzweise vegane Pflanzenmargarine)

GUT ZU WISSEN

Rhabarber sollte vor dem Backen immer gut geschält und mit etwas Zucker (nach Belieben gewürzt) mariniert werden, damit er seine Bitterstoffe verliert.

1 Rhabarber putzen, schälen und in längliche Stücke schneiden. Mit Zimtzucker mischen und 30 Min. ziehen lassen.

2 Inzwischen den Backofen auf 185° vorheizen. Die Form fetten. Mehl, Mandeln, Kakao, Backpulver und Zucker in einer Schüssel mischen. Erdnussöl und Mineralwasser verrühren und zu den trockenen Zutaten in die Schüssel geben. Alles mit den Rührbesen des Handrührgeräts zu einem cremigen Teig verrühren. Den Sojaghurt zufügen und kurz unterrühren. Die Schokolade in kleine Stücke hacken und unter den Teig heben.

3 Den Teig gleichmäßig in die Form füllen und glatt streichen. Die Beeren verlesen, bei Bedarf waschen und putzen. Rhabarber und Beeren auf dem Teig verteilen. Den Kuchen im heißen Ofen (Mitte) 40–45 Min. backen (Stäbchenprobe machen). Anschließend vollständig auskühlen lassen.

*Für 1 Gugelhupfform (17 cm ∅), 12 Stücke • 25 Min. Zubereitung • 45 Min. Backen •
Pro Stück ca. 195 kcal, 3 g E, 8 g F, 29 g KH*

ZITRONEN-KIRSCH-GUGELHUPF

SOMMER-REZEPT

½ Zitrone
250 g Mehl
150 g Zucker (z. B. Vollrohr- oder Kokosblütenzucker)
¼ TL gemahlene Bourbon-Vanille
2 TL Backpulver
1 Prise Salz
120 g vegane Joghurt-Alternative Kokos
200 g Kokosmilch
60 ml Rapsöl
150 g Kirschen

AUSSERDEM

Öl für die Form (ersatzweise vegane Pflanzenmargarine)
Puderzucker zum Bestäuben (nach Belieben)

1 Den Backofen auf 185° vorheizen. Die Gugelhupfform fetten. Den Saft der Zitronenhälfte auspressen.

2 Mehl, Zucker, Vanille, Backpulver und Salz in einer Schüssel mischen. Veganen Kokosjoghurt, Kokosmilch, Öl und Zitronensaft verrühren und zu den trockenen Zutaten in die Schüssel geben. Alles mit den Rührbesen des Handrührgeräts verrühren. Die Kirschen waschen, entkernen und unter den Teig heben.

3 Den Teig gleichmäßig in der Form verteilen. Den Kuchen im heißen Ofen (Mitte) 40–45 Min. backen (Stäbchenprobe machen). Anschließend in der Form abkühlen lassen, dann aus der Form lösen und komplett auskühlen lassen. Nach Belieben mit Puderzucker bestäubt servieren.

Für 1 Kastenform (25 cm Länge), 12 Stücke • 15 Min. Zubereitung • 45 Min. Backen • Pro Stück ca. 225 kcal, 3 g E, 12 g F, 29 g KH

BANANEN-KAFFEE-BROT

SCHNELL

200 g Mehl
2 TL Backpulver
¼ TL gemahlene Bourbon-Vanille
1 Prise Salz
150 g Zucker (z. B. Vollrohr- oder Kokosblütenzucker)
50 g gemahlene Haselnusskerne
2 Bananen
100 ml Rapsöl
40 ml Kaffee
100 ml Haferdrink

AUSSERDEM

Öl für die Form (ersatzweise vegane Pflanzenmargarine)

1 Den Backofen auf 185° vorheizen. Die Kastenform fetten. Mehl, Backpulver, Vanille, Salz, Zucker und Haselnüsse in einer Schüssel mischen. Die Bananen schälen, grob klein schneiden und mit Rapsöl, Kaffee und Haferdrink in einem hohen Rührbecher mit dem Pürierstab fein mixen. Die Bananenmischung zu den trockenen Zutaten in die Schüssel geben. Alles mit den Rührbesen des Handrührgeräts zu einem cremigen Teig verrühren.

2 Den Teig gleichmäßig in der Kastenform verteilen und glatt streichen. Den Kuchen im heißen Ofen (Mitte) 40–45 Min. backen (Stäbchenprobe machen). Sollte die Oberfläche gegen Ende der Backzeit zu dunkel werden, die Form mit Alufolie abdecken. Das Bananen-Kaffee-Brot anschließend kurz abkühlen lassen, dann aus der Form lösen und vollständig auskühlen lassen.

Für 1 Springform (20 cm ∅), 12 Stücke • 30 Min. Zubereitung • 35 Min. Backen •
Pro Stück ca. 295 kcal, 2 g E, 19 g F, 27 g KH

SAFTIGER SCHOKOLADENKUCHEN

FÜR KINDER

180 g Mehl
4 EL Kakaopulver
200 g Kokosblütenzucker
2 TL Backpulver
½ TL gemahlene Vanille
100 ml Haferdrink
150 ml Mineralwasser mit Kohlensäure
1 TL Apfelessig
50 ml Rapsöl
160 g Kakaobutter
1 TL Kokosöl

AUSSERDEM
Öl für die Form (ersatzweise vegane Pflanzenmargarine)

1 Den Backofen auf 185° vorheizen. Die Springform fetten. Mehl, Kakaopulver, Zucker, Backpulver und Vanille in einer Schüssel mischen. Haferdrink, Mineralwasser, Apfelessig und Öl verrühren und zu den trockenen Zutaten geben. Alles kurz mit den Rührbesen des Handrührgeräts cremig rühren. Die Kakaobutter mit dem Kokosöl über dem heißen Wasserbad schmelzen und unter den Teig rühren.

2 Den Teig gleichmäßig in der Form verteilen und glatt streichen. Den Schokoladenkuchen im heißen Ofen (Mitte) ca. 35 Min. backen (Stäbchenprobe machen). Anschließend abkühlen lassen, aus der Form lösen und vollständig auskühlen lassen.

Für 10 Stücke • 25 Min. Zubereitung • 1 Std. Kühlen • 35 Min. Backen •
Pro Stück ca. 225 kcal, 3 g E, 12 g F, 26 g KH

BRATAPFEL-GALETTE

WINTER-REZEPT

FÜR DEN TEIG

120 g kalte vegane Pflanzen-margarine
200 g Mehl
60 g Kokosblütenzucker
1 Prise Salz
3 EL Eiswasser

FÜR DIE FÜLLUNG

300 g Äpfel
½ Zitrone
30 g gemahlene Haselnusskerne
½ TL Zimtpulver
3 EL Ahornsirup
½ TL gemahlene Bourbon-Vanille

AUSSERDEM

Mehl zum Arbeiten
Öl zum Bepinseln

DAZU PASST
Die Bratapfel-Galette schmeckt am besten, wenn sie noch lauwarm mit einer Kugel veganem Vanilleeis oder pflanzlicher Zimtcreme serviert wird.

TEIG: Die Margarine klein würfeln. Mehl, Margarine, Zucker, Salz und Eiswasser in eine Schüssel geben und mit den Händen krümelig reiben. Dann alles zügig zu einem geschmeidigen, glatten Teig verkneten. Den Teig zu einer Kugel formen, in Frischhaltefolie wickeln und 1 Std. kalt stellen.

FÜLLUNG: Inzwischen die Äpfel waschen, putzen und in feine Spalten schneiden. Aus der Zitronenhälfte 2 EL Saft auspressen. Zitronensaft, Haselnüsse, Zimtpulver, Ahornsirup und Vanille in einem tiefen Teller mischen. Die Apfelspalten darin wenden und ca. 30 Min. ziehen lassen.

FERTIGSTELLEN: Den Backofen auf 185° vorheizen. Ein Blech mit Backpapier auslegen. Den kalten Teig auf der leicht bemehlten Arbeitsfläche zu einem großen Kreis (ca. 30 cm Ø) ausrollen und auf das Blech legen. Die marinierten Äpfel auf dem Teig verteilen, dabei einen 4 cm breiten Rand frei lassen. Den Rand rundum einschlagen und mit etwas Öl bepinseln.

BACKEN: Die Galette im heißen Ofen (Mitte) 30–35 Min. backen, bis der Rand leicht gebräunt ist. Aus dem Ofen nehmen und vor dem Servieren kurz abkühlen lassen.

Für 1 rechteckige Backform (ca. 21,5 × 25 cm), 12 Stücke • 20 Min. Zubereitung • 40 Min. Backen • Pro Stück ca. 190 kcal, 3 g E, 7 g F, 29 g KH

PFLAUMENKUCHEN

KLASSIKER

½ Bio-Zitrone
250 g Mehl
140 g Zucker (z. B. Vollrohr- oder Kokosblütenzucker)
2 TL Backpulver
½ TL Zimtpulver
1 Prise Salz
170 ml Pflanzendrink Vanille
130 g vegane Joghurt-Alternative
70 ml Rapsöl
200 g Pflaumen

AUSSERDEM

Öl für die Form (ersatzweise vegane Pflanzenmargarine)

1 Den Backofen auf 185° vorheizen. Die Backform fetten. Die Zitronenhälfte heiß waschen, trocknen und die Schale fein abreiben. Dann 2 EL Saft auspressen. Mehl, Zucker, Backpulver, Zimt, Salz und Zitronenabrieb in einer Schüssel mischen. Zitronensaft, Vanilledrink, veganen Joghurt und Öl verrühren und zu den trockenen Zutaten in die Schüssel geben. Alles mit den Rührbesen des Handrührgeräts cremig rühren.

2 Den Teig in die Backform geben und glatt streichen. Die Pflaumen waschen, halbieren, entsteinen und gleichmäßig auf der Teigoberfläche verteilen. Dabei die Pflaumenhälften leicht in den Teig drücken. Den Kuchen im heißen Ofen (Mitte) in ca. 40 Min. goldbraun backen (Stäbchenprobe machen). Anschließend abkühlen lassen und in Stücke schneiden.

BESONDERE KUCHEN & TORTEN

Für 1 Springform (20 cm ∅), 12 Stücke • 30 Min. Zubereitung • 6 Std. Kühlen • 1 Std. Backen • Pro Stück ca. 315 kcal, 5 g E, 19 g F, 33 g KH

CHEESECAKE

GRUNDREZEPT

FÜR DEN TEIG

120 g kalte vegane Pflanzenmargarine
220 g Mehl
1 Prise Salz
80 g Zucker (z. B. Vollrohr- oder Kokosblütenzucker)
3 EL Eiswasser

FÜR DIE FÜLLUNG

100 g vegane Pflanzenmargarine
½ Zitrone
500 g vegane Quark-Alternative
100 g Kokosmilch
100 g Zucker (z. B. Vollrohr- oder Kokosblütenzucker)
1 Pck. veganes Vanillepuddingpulver

AUSSERDEM

Öl für die Form (ersatzweise vegane Pflanzenmargarine)
Mehl zum Arbeiten

DAZU PASST

Den Cheesecake nach Belieben mit Erdbeersauce toppen.

TEIG: Die Margarine klein würfeln. Mehl, Margarine, Salz, Zucker und Eiswasser in eine Schüssel geben und mit den Händen zu einem glatten Teig verkneten. Den Teig zu einer Kugel formen, in Frischhaltefolie wickeln und 1 Std. kalt stellen.

FÜLLUNG: Inzwischen die Margarine in einem kleinen Topf zerlassen. Aus der Zitronenhälfte 2 EL Saft auspressen. Quark, Kokosmilch, zerlassene Margarine, Zucker, Vanillepuddingpulver und Zitronensaft in einer Schüssel mit den Rührbesen des Handrührgeräts so lange verrühren, bis keine Klümpchen mehr vorhanden sind. Die Füllung kalt stellen.

BACKEN: Den Backofen auf 180° vorheizen. Die Springform fetten. Den Teig auf der leicht bemehlten Arbeitsfläche zu einem Kreis (etwas größer als 20 cm ∅) ausrollen und gleichmäßig in die gefettete Form drücken. Dabei einen 3–4 cm hohen Rand formen. Die Füllung in die Form geben. Den Kuchen im heißen Ofen (Mitte) ca. 1 Std. backen. Sollte die Oberfläche des Cheesecakes gegen Ende der Backzeit zu dunkel werden, die Springform locker mit Alufolie abdecken.

RUHEN: Den Ofen ausschalten und den Kuchen noch weitere 10 Min. bei geöffneter Backofentür ruhen lassen. Dann herausnehmen und ca. 1 Std. abkühlen lassen. Es ist normal, wenn die Füllung noch etwas flüssig erscheint. Den Kuchen dann für weitere 5 Std. (oder über Nacht) in den Kühlschrank stellen. Erst anschließend aus der Form lösen.

Für 1 Springform (24 cm ∅), 12 Stücke • 30 Min. Zubereitung • 1 Std. Ruhen • 25 Min. Backen •
Pro Stück ca. 230 kcal, 7 g E, 11 g F, 26 g KH

ROSENKUCHEN MIT MANDEL-SCHOKO-FÜLLUNG

KLASSIKER

FÜR DEN HEFETEIG
200 ml Haferdrink
300 g Dinkelmehl
50 g Mandelmehl
3 EL Rohrzucker
1 Pck. Trockenhefe
4 EL Rapsöl

FÜR DIE FÜLLUNG
100 g Mandeln
100 g vegane Schokocreme

AUSSERDEM
Mehl zum Arbeiten
Öl für die Form (ersatzweise vegane Pflanzenmargarine)
Kokosöl zum Bepinseln
Puderzucker zum Bestäuben

GUT ZU WISSEN
Wer den Kuchen lieber höher und kompakter mag, kann ihn auch in einer kleineren Springform (ab 20 cm ∅) backen.

HEFETEIG: Den Haferdrink lauwarm erhitzen. Beide Mehle, Zucker und Hefe in einer Schüssel mischen. Öl und Haferdrink verrühren und zu den trockenen Zutaten geben. Alles mit den Knethaken des Handrührgeräts zunächst 5 Min. auf niedriger Stufe, dann so lange auf höchster Stufe verkneten, bis ein geschmeidiger Teig entsteht. Den Teig mit Mehl bestäuben und zugedeckt ca. 40 Min. an einem warmen Ort gehen lassen.

FÜLLUNG: Die Mandeln fein hacken und in einer Pfanne ohne Fett in ein paar Min. goldbraun rösten.

FORMEN: Die Springform fetten. Den Teig nochmals mit den Händen gut durchkneten, dann in sieben gleich große Stücke teilen. Die Teigstücke auf der bemehlten Arbeitsfläche jeweils zu einem Rechteck von ca. 10 × 25 cm ausrollen und quer legen. Die unteren zwei Drittel der langen Seiten mit etwas Schokocreme bestreichen und mit gerösteten Mandeln bestreuen. Die Rechtecke längs nach oben hin aufrollen und anschließend zu Schnecken formen.

BACKEN: Die Schnecken mit der Teignaht nach unten gleichmäßig in der Form verteilen. Dann zugedeckt erneut ca. 20 Min. gehen lassen. Inzwischen den Backofen auf 185° vorheizen. Etwas Kokosöl schmelzen und die Oberfläche der Schnecken damit bepinseln. Den Kuchen in den heißen Ofen (Mitte) geben und ca. 25 Min. backen. Anschließend kurz abkühlen lassen, aus der Form lösen und vollständig auskühlen lassen. Zum Servieren mit Puderzucker bestäuben.

Für 1 Tarteform (25 cm ∅), 12 Stücke • 20 Min. Zubereitung • 15 Min. Backen • 4 Std. Kühlen • Pro Stück ca. 305 kcal, 6 g E, 23 g F, 18 g KH

MANDEL-CAPPUCCINO-TARTE

FÜR GÄSTE

FÜR DEN BODEN

100 g gemahlene Mandeln
40 g Mandelmehl
50 g Haferflocken
10 Datteln (entsteint)
4 EL Kokosöl
2 EL Ahornsirup

FÜR DIE FÜLLUNG

400 g Kokosmilch
200 g vegane Nugatschokolade (ersatzweise vegane »Vollmilch«-Schokolade)
20 g veganes lösliches Cappuccinopulver (ersatzweise lösliches Kaffeepulver)
6 g Agar-Agar

AUSSERDEM

Öl für die Form (ersatzweise vegane Pflanzenmargarine)
3 EL gehackte Mandeln (nach Belieben)
3 EL vegane Schokoladenraspel (nach Belieben)

BODEN: Den Backofen auf 185° vorheizen. Die Tarteform fetten. Mandeln, Mandelmehl, Haferflocken, Datteln, Kokosöl und Ahornsirup im Hochleistungsmixer pürieren, bis eine gut knetbare Masse entsteht. Den Teig in die Form geben und mit den Fingern am Boden und am Rand gut festdrücken. Dann die Form in den heißen Ofen (Mitte) geben und den Boden ca. 15 Min. backen. Anschließend komplett auskühlen lassen.

FÜLLUNG: Inzwischen die Kokosmilch in einem Topf bei niedriger Temperatur erhitzen. Die Schokolade klein hacken und in der Kokosmilch schmelzen. Cappuccinopulver und Agar-Agar unterrühren. Alles kurz aufkochen und unter ständigem Rühren ca. 5 Min. köcheln lassen.

FERTIGSTELLEN: Den Topf vom Herd nehmen, die Füllung in den ausgekühlten Boden geben und glatt streichen. Die Tarte mindestens 4 Std. (am besten über Nacht) kalt stellen. Die Tarte nach Belieben mit gerösteten gehackten Mandeln und Schokoladenraspeln dekorieren.

Für 1 Tarteform (25 cm ∅), 12 Stücke • 20 Min. Zubereitung • 20 Min. Backen • 3 Std. Kühlen • Pro Stück ca. 510 kcal, 4 g E, 43 g F, 26 g KH

WEISSE SCHOKOLADENTARTE

FÜR KINDER

FÜR DEN GRANOLA-BODEN

75 g Haferflocken
75 g Dinkelflocken
50 g gemahlene Haselnusskerne
70 g Kokosraspel
6 EL Kokosöl
3 EL Agavensirup
6 Datteln (entsteint)
½ TL Zimtpulver

FÜR DIE FÜLLUNG

400 g aufschlagbare Kokoscreme
200 g vegane weiße Schokolade
1 EL Kokosöl

AUSSERDEM

Öl für die Form (ersatzweise vegane Pflanzenmargarine)
2 EL Kokoschips (nach Belieben)
1 Handvoll Basilikumblätter (nach Belieben)
200 g Erdbeeren (nach Belieben)

GRANOLA-BODEN: Den Backofen auf 170° vorheizen. Die Tarteform fetten. Hafer- und Dinkelflocken, Nüsse, Kokosraspel, Kokosöl, Agavensirup, Datteln und Zimt im Hochleistungsmixer pürieren, bis eine gut knetbare Masse entsteht.

BACKEN: Den Teig in die Form geben und am Boden und am Rand gut festdrücken. Den Boden mehrfach mit einer Gabel einstechen, dann im heißen Ofen (Mitte) ca. 20 Min. backen, bis der Rand goldbraun ist. Kurz abkühlen lassen, aus der Form lösen und vollständig auskühlen lassen.

FÜLLUNG: Inzwischen die Kokoscreme mit den Rührbesen des Handrührgeräts locker aufschlagen. Die Schokolade in Stücke brechen und mit dem Kokosöl über dem heißen Wasserbad unter Rühren schmelzen. Kurz abkühlen lassen, dann behutsam unter die Kokoscreme rühren.

FERTIGSTELLEN: Die Füllung in den ausgekühlten Boden geben, gleichmäßig verteilen und glatt streichen. Die Tarte mindestens 3 Std. (am besten über Nacht) kalt stellen. Zum Servieren nach Belieben mit Kokoschips, Basilikumblättern und halbierten Erdbeeren dekorieren.

Für 1 Springform (20 cm ∅), 12 Stücke • 30 Min. Zubereitung • 3 Std. Kühlen • 30 Min. Backen • Pro Stück ca. 260 kcal, 3 g E, 16 g F, 24 g KH

KOKOS-LIMETTEN-TORTE

SOMMER-REZEPT

FÜR DIE CREME
400 g Kokosmilch
½ Bio-Limette
2 EL Agavensirup

FÜR DEN TEIG
1 Bio-Limette
200 g Dinkelmehl
60 gemahlene Haselnusskerne
2 TL Backpulver
100 g Rohrzucker
60 ml Rapsöl
100 ml Haferdrink
100 ml Mineralwasser mit Kohlensäure

AUSSERDEM
Öl für die Form (ersatzweise vegane Pflanzenmargarine)
6 Erdbeeren
2 EL Kokosraspel

MEHR DARAUS MACHEN
Für eine Schichttorte den Boden quer halbieren, mit der Hälfte der Creme füllen und mit restlicher Creme und Deko toppen.

CREME: Die Kokosmilchdose mindestens 3 Std. kalt stellen, bis sich die feste Kokoscreme vom flüssigen Teil abgesetzt hat. Man benötigt ca. 300 g feste Kokoscreme.

TEIG: Den Backofen auf 185° vorheizen. Die Form fetten. Die Limette heiß waschen, trocknen und die Schale fein abreiben. Den Saft auspressen. Mehl, Nüsse, Backpulver, Zucker und Limettenabrieb in einer Schüssel mischen. Limettensaft mit Öl, Haferdrink und Mineralwasser verrühren und zu den trockenen Zutaten in die Schüssel geben. Alles mit den Rührbesen des Handrührgeräts kurz zu einem cremigen Teig verrühren.

BACKEN: Den Teig gleichmäßig in der Form verteilen und im heißen Ofen (Mitte) ca. 30 Min. backen (Stäbchenprobe machen). Anschließend kurz abkühlen lassen, dann aus der Form lösen und vollständig auskühlen lassen.

FERTIGSTELLEN: Die feste Kokoscreme abnehmen und mit den Rührbesen des Handrührgeräts zu einer lockeren Creme aufschlagen. Die Limettenhälfte heiß waschen, trocknen und die Schale fein abreiben. Den Saft auspressen. Agavensirup, Limettensaft und -abrieb unter die Kokoscreme rühren. Den ausgekühlten Teig mit der Kokos-Limetten-Creme bestreichen.

DEKORIEREN: Erdbeeren waschen, putzen und vierteln. Die Torte mit Erdbeeren und Kokosraspeln dekorieren.

GU
CLOU

Für die selbst gemachte Kokoscreme sollte man unbedingt qualitativ hochwertige Kokosmilch aus der Dose verwenden, die von Natur aus sehr dickflüssig ist und kaum Kokoswasser enthält. Wenn man die Dose für einige Stunden gut kühlt, setzen sich ca. 300 g Kokoscreme ab. Die Creme hat eine feste Konsistenz und lässt sich gut aufschlagen.

Für 1 Springform (20 cm ∅), 12 Stücke • 30 Min. Zubereitung • 25 Min. Backen • 4 Std. Kühlen • Pro Stück ca. 360 kcal, 3 g E, 21 g F, 39 g KH

HIMBEER-SCHOKOLADEN-TORTE

GUT VORZUBEREITEN

FÜR DEN MANDELBISKUIT

200 g Dinkelmehl
60 g gemahlene Mandeln
2 TL Backpulver
100 g Rohrzucker
2 TL Bourbon-Vanillezucker
70 ml Rapsöl
200 ml Haferdrink

FÜR DIE HIMBEERMOUSSE

300 g aufschlagbare Pflanzencreme
200 g vegane weiße Schokolade
200 g Himbeeren

AUSSERDEM

Öl für die Form (ersatzweise vegane Pflanzenmargarine)

MANDELBISKUIT: Den Backofen auf 185° vorheizen. Die Springform fetten. Dinkelmehl, Mandeln, Backpulver, Zucker und Vanillezucker in einer Schüssel mischen. Rapsöl und Haferdrink verrühren und zu den trockenen Zutaten in die Schüssel geben. Alles mit den Rührbesen des Handrührgeräts kurz zu einem cremigen Teig verrühren.

BACKEN: Den Teig gleichmäßig in der Form verteilen und im heißen Ofen (Mitte) ca. 25 Min. backen (Stäbchenprobe machen). Den Biskuitboden kurz abkühlen lassen, dann aus der Form lösen und vollständig auskühlen lassen.

HIMBEERMOUSSE: Inzwischen die Pflanzencreme mit den Rührbesen des Handrührgeräts steif schlagen. Die weiße Schokolade über dem heißen Wasserbad schmelzen, kurz abkühlen lassen und vorsichtig unter die Creme rühren. Die Himbeeren verlesen, bei Bedarf kurz in kaltes Wasser tauchen und trocken tupfen. 100 g Beeren für die Deko beiseitelegen. Die übrigen Himbeeren fein pürieren, nach Belieben durch ein Sieb passieren und mit einem Löffel unter die Schokoladencreme heben. Die Himbeermousse mindestens 2 Std. kalt stellen, bis sie fest und spritzbar wird.

FERTIGSTELLEN: Die Himbeermousse in einen Spritzbeutel mit großer Lochtülle füllen und auf den Tortenboden spritzen. Die Torte mit den übrigen Himbeeren dekorieren. Vor dem Servieren weitere 2 Std. kalt stellen.

Für 1 Springform (20 cm ∅), 12 Stücke • 40 Min. Zubereitung • 35 Min. Backen • 5 Std. Kühlen • Pro Stück ca. 305 kcal, 4 g E, 17 g F, 39 g KH

MANGO-CAPPUCCINO-TORTE

FÜR GÄSTE

FÜR DEN BODEN

220 g Dinkelmehl
60 g gemahlene Mandeln
120 g Birkenzucker
2 TL Backpulver
60 ml Rapsöl
200 ml Mineralwasser mit Kohlensäure

FÜR DIE CAPPUCCINO-CREME

300 g aufschlagbare Pflanzencreme
100 g vegane »Vollmilch«-Schokolade
14 g veganes lösliches Cappuccinopulver (ersatzweise lösliches Kaffeepulver)

FÜR DAS MANGOGELEE

350 ml Mangosaft
1 Pck. veganes Vanillepuddingpulver

AUSSERDEM

Öl für die Form (ersatzweise vegane Pflanzenmargarine)

BODEN: Den Backofen auf 185° vorheizen. Die Form fetten. Mehl, Mandeln, Zucker und Backpulver in einer Schüssel mischen. Rapsöl und Mineralwasser verrühren und zu den trockenen Zutaten in die Schüssel geben. Alles mit den Rührbesen des Handrührgeräts zu einem cremigen Teig verrühren.

BACKEN: Den Teig gleichmäßig in der Form verteilen und im heißen Ofen (Mitte) 30–35 Min. backen (Stäbchenprobe machen). Den Tortenboden kurz abkühlen lassen, dann aus der Form lösen und vollständig auskühlen lassen.

CAPPUCCINOCREME: Inzwischen die Pflanzencreme mit den Rührbesen des Handrührgeräts steif schlagen. Die Schokolade über dem heißen Wasserbad schmelzen. Kurz abkühlen lassen, dann mit dem Cappuccinopulver behutsam unter die Creme heben. Die Creme 1 Std. kalt stellen.

MANGOGELEE: 5 EL Mangosaft mit dem Puddingpulver glatt rühren. Den restlichen Saft in einem kleinen Topf erhitzen. Dann die Mango-Puddingpulver-Mischung in den köchelnden Mangosaft rühren und so lange weiterschlagen, bis eine cremige Masse entsteht. Vom Herd nehmen und abkühlen lassen.

FERTIGSTELLEN: Den Tortenboden zurück in die Form legen und mit der Cappuccinocreme bestreichen. Das Mangogelee vorsichtig auf der Creme verteilen. Die Torte mindestens 4 Std. (am besten über Nacht) kalt stellen. Anschließend aus der Form lösen und in Stücke schneiden.

Für 1 Springform (20 cm ∅), 12 Stücke • 40 Min. Zubereitung • 50 Min. Backen • 3 Std. Kühlen • Pro Stück ca. 510 kcal, 6 g E, 29 g F, 55 g KH

SCHOKOLADENTORTE

KLASSIKER

FÜR DEN TEIG

300 g Mehl
40 g Kakaopulver
120 g Rohrzucker
2 TL Backpulver
80 ml Rapsöl
350 ml Haferdrink
60 g vegane Nugatschokolade (ersatzweise veganes Nuss-Nugat)

FÜR DIE CREME

400 g aufschlagbare Pflanzencreme
3 TL Sahnefestiger
300 g vegane Nugatschokolade (ersatzweise veganes Nuss-Nugat)

AUSSERDEM

Öl für die Form (ersatzweise vegane Pflanzenmargarine)
50 g vegane Zartbitter-Kuvertüre

TEIG: Den Backofen auf 185° vorheizen. Die Form fetten. Mehl mit Kakaopulver, Zucker und Backpulver in einer Schüssel mischen. Öl und Haferdrink verrühren und zu den trockenen Zutaten in die Schüssel geben. Alles mit den Rührbesen des Handrührgeräts kurz zu einem cremigen Teig verrühren. Die Schokolade über dem heißen Wasserbad schmelzen und langsam unter den Teig mischen.

BACKEN: Die Hälfte des Teiges gleichmäßig in die Form füllen. Den Teig im heißen Ofen (Mitte) ca. 25 Min. backen (Stäbchenprobe machen). Den Boden kurz abkühlen lassen, dann aus der Form lösen und vollständig auskühlen lassen. Mit der zweiten Hälfte des Teiges genauso verfahren.

CREME: Die Pfanzencreme mit dem Sahnefestiger steif schlagen. Die Nugatschokolade über dem heißen Wasserbad schmelzen, kurz abkühlen lassen, dann behutsam unter die Creme heben. Die Creme mindestens 3 Std. kalt stellen.

FERTIGSTELLEN: Die Hälfte der Nugatcreme auf den ersten Tortenboden streichen. Den zweiten Boden darauflegen und alles vollständig mit etwas Nugatcreme ummanteln. Die Kuvertüre schmelzen, kurz abkühlen lassen und mit einem Teelöffel am Tortenrand feine Rinnsale nach unten laufen lassen. Die restliche Nugatcreme in einen Spritzbeutel mit Sterntülle füllen und kleine gleichmäßige Tupfen auf die Torte spritzen, sodass die gesamte Oberfläche damit versehen ist.

REGISTER

Abkürzungsverzeichnis:
E = Eiweiß
EL = Esslöffel (gestrichen)
F = Fett
kcal = Kilokalorien
KH = Kohlenhydrate
Msp. = Messerspitze
Pck. = Päckchen
TK = Tiefkühl
TL = Teelöffel (gestrichen)
Ø = Durchmesser

© 2021 GRÄFE UND UNZER VERLAG GmbH, Postfach 860366, 81630 München

GU

GU ist eine eingetragene Marke der GRÄFE UND UNZER VERLAG GmbH, www.gu.de

ISBN 978-3-8338-7813-8
2. Auflage 2021

Projektleitung: Linh Nguyen
Lektorat: Christin Geweke
Korrektorat: Jutta Friedrich
Gesamtgestaltung: independent Medien-Design, Horst Moser, München
Herstellung: Renate Hutt
Satz: Kösel, Krugzell
Reproduktion: Medienprinzen GmbH, München
Druck und Bindung: Firmengruppe APPL, aprinta druck, Wemding

Printed in Germany

www.facebook.com/gu.verlag

GRÄFE UND UNZER

Ein Unternehmen der
GANSKE VERLAGSGRUPPE

Umwelthinweis:
Dieses Buch ist auf PEFC-zertifiziertem Papier aus nachhaltiger Waldwirtschaft gedruckt.

Syndication: www.seasons.agency

DIE AUTORIN

Corinna Schober studierte Germanistik und Kunstgeschichte und arbeitet heute als Bloggerin und Foodjournalistin. Aus Liebe zu den Tieren ernährt sie sich seit ihrer Kindheit fleischlos und seit einigen Jahren vegan. Im Jahr 2016 gründete sie ihren Foodblog www.deliciouslsyveggie.com, auf dem sie ihre besten veganen Back- und Kochrezepte teilt.

DIE FOTOGRAFEN

Die veganen Leckereien in diesem Buch wurden von Julia Schmidt und Nikolas Hagele, kurz JUNI genannt, sowie Mathias Neubauer gekonnt in Szene gesetzt. Urs Hug und Mareike Hill übernahmen das Foodstyling.

BILDNACHWEIS

Coco Lang: S. 01, 05 und Stillleben auf den Klappen (Foodstyling: Michael Menzel)
Kathrin Koschitzki: Coverfoto
Corinna Schober: Autorenfoto
Mathias Neubauer: S. 11, 24, 46, 51, 53, 58
JUNI (Julia Schmidt und Nikolas Hagele): alle anderen Fotos und Stepfotos auf den Klappen

QUALITÄTS G|U GARANTIE

LIEBE LESERINNEN UND LESER,

wir wollen Ihnen mit diesem Buch Informationen und Anregungen geben, um Ihnen das Leben zu erleichtern oder Sie zu inspirieren, Neues auszuprobieren. Wir achten bei der Erstellung unserer Bücher auf Aktualität und stellen höchste Ansprüche an Inhalt und Gestaltung. Alle Anleitungen und Rezepte werden von unseren Autoren, jeweils Experten auf ihren Gebieten, gewissenhaft erstellt und von unseren Redakteuren/innen mit größter Sorgfalt ausgewählt und geprüft.

Haben wir Ihre Erwartungen erfüllt? Sind Sie mit diesem Buch und seinen Inhalten zufrieden? Wir freuen uns auf Ihre Rückmeldung. Und wir freuen uns, wenn Sie diesen Titel weiterempfehlen, in Ihrem Freundeskreis oder bei Ihrem online-Kauf.

Sollten wir Ihre Erwartungen so gar nicht erfüllt haben, tauschen wir Ihnen Ihr Buch jederzeit gegen ein gleichwertiges zum gleichen oder ähnlichen Thema um.

KONTAKT ZUM LESERSERVICE

GRÄFE UND UNZER VERLAG
Grillparzerstraße 12
81675 München
www.gu.de

DIE »GU KOCHEN PLUS«-APP

1 APP HERUNTERLADEN

Laden Sie die kostenlose »GU Kochen Plus«-App im Apple App Store oder im Google Play Store auf Ihr Smartphone. Starten Sie die App und wählen Sie Ihren Küchenratgeber aus.

2 REZEPTBILD SCANNEN

Scannen Sie das gewünschte Rezeptbild mit der Kamera Ihres Smartphones. Klicken Sie im Display die Funktion Ihrer Wahl.

3 FUNKTIONEN NUTZEN

Sammeln Sie Ihre Lieblingsrezepte. Speichern und verschicken Sie Ihre Einkaufslisten. Oder nutzen Sie den praktischen Supermarkt-Finder und den Rezept-Planer.